AF263868

LA
PÉRIODE ÉLECTORALE

ET

LES CATHOLIQUES

EXTRAIT

DU

MESSAGER DU CENTRE

PAR

E. PIGELET

BOURGES, IMPRIMERIE E. PIGELET

1869

AVANT-PROPOS

Nous venons de publier, dans le *Messager du Centre*, une série d'articles sur la situation intérieure et extérieure de la France, au moment des élections, et sur le rôle que doivent remplir les catholiques en cette circonstance solennelle. Quelques personnes, dont l'appréciation est trop flatteuse, nous ont engagé à réunir ces articles en brochure. Nous cédons à ces bienveillantes instances, d'autant plus volontiers que nous sentons le besoin de faire connaître notre publication et de nous exprimer en toute franchise à son sujet.

Les personnes qui ne la connaissent pas pourront apprécier le but qu'elle poursuit, dans ces quelques pages, et savoir si elle mérite ou non leur sympathique adhésion, si elles lui doivent le soutien et l'appui qu'elle réclame.

Il y a huit mois, nous fondions à Bourges, sous le titre de *Messager du Centre*, un journal politique, organe de l'opinion catholique dans le Berry.

Nous avons exposé dans un programme, aussi clair que possible, quel était notre but en créant cette publication, à quels besoins nous pensions répondre, à quels intérêts nous voulions donner satisfaction, quelle serait, en un mot, notre ligne de conduite.

Avons-nous satisfait à nos engagements et rempli complétement notre programme?

Oui, au point de vue des principes. Sincèrement catholique, toujours moral, le *Messager du Centre* a mérité l'approbation et les encouragements des personnes compétentes qui ont bien voulu l'honorer de leurs sympathies. Toutes se plaisent à rendre témoignage à la fermeté de ses principes, à l'intérêt de sa rédaction, au mérite de ses correspondances. — Quelques légères critiques nous ont été adressées, cependant, au sujet de l'esprit du journal ; nous répondons à ces observations aussi bienveillantes, d'ailleurs, dans le fond que dans la forme, dans un paragraphe spécial de cette brochure.

Non, au point de vue matériel, nous n'hésitons pas à enregistrer ici les reproches adressés à notre feuille, encore dans l'enfance. On se plaint qu'elle n'est pas assez bien renseignée au sujet des nouvelles locales ; on lui reproche de ne pas remplir assez fidèlement son programme en ce qui touche les intérêts matériels, intérêts respectables que nous avions promis de prendre en sérieuse considération.

Ces reproches sont fondés, nous l'avouons. Nous avons créé ce journal sans aucune idée de spéculation ; sans compter sur un succès éclatant que rien ne nous donnait le droit de supposer, nous pensions grouper un nombre suffisant d'abonnés, au début, pour installer convenablement les services de correspondance locale, et remplir cette partie de notre programme avec autant de fidélité que la partie politique.

Notre attente a été trompée, les abonnés sont venus lentement ; le nombre en a grossi, mais dans de faibles proportions et, en dehors des sacrifices de temps qu'exige de nous la rédaction du journal, nous avons eu jusqu'ici à supporter un déficit mensuel considérable.

Notre appel au clergé, par deux fois répété, a été peu entendu, la propagande ne s'est pas faite selon notre attente ; de sorte que, en dehors des sacrifices au-dessus de nos forces dont nous parlions à l'instant, le bien ne se fait pas par cet organe, créé uniquement dans ce but, dans des proportions assez larges pour opposer au mal un antidote nécessaire plus que jamais.

Si nous n'avions pas un but si déterminé, si nous ne nous inquiétions que du succès, nous savons bien le secret d'obtenir ce succès, par quels moyens on allèche le public, par quels compromis avec la morale on obtient la faveur de la foule ; mais loin de nous une telle défaillance et mieux vaut la mort que cette transaction honteuse avec le devoir.

Nous ne pourrions continuer dans les conditions actuelles : la prudence nous l'interdit, et des intérêts personnels sacrés, que nous ne saurions sacrifier sans manquer au devoir, exigent de notre part une prompte décision.

De deux choses l'une : ou un organe catholique est nécessaire dans un grand diocèse comme le nôtre, et alors il est du devoir des personnes bien pensantes de lui prêter leur concours, de lui recruter des abonnements, de lui permettre de vivre, en un mot ;

Ou la nécessité d'un tel organe n'étant pas démontrée, alors même que la presse anti-religieuse et anti-sociale est plus que jamais déchaînée, il est inutile de prolonger de stériles sacrifices, et le journal, condamné par l'indifférence publique, doit se résigner à son triste sort et descendre, bien que si jeune encore, dans les régions glacées de la mort.

Telles sont les questions que nous posons en toute franchise aujourd'hui.

Si le journal est jugé nécessaire, nous attendons des personnes auxquelles nous adressons cet opuscule une adhésion qui lui garantisse au moins l'existence.

Il nous sera démontré que le journal n'est pas utile si les adhésions ne lui viennent pas en nombre suffisant, et, malgré notre opinion personnelle diamétralement opposée, nous nous résignerons à lui porter le coup fatal.

Nous faisons, d'ailleurs, appel aujourd'hui à tous les hommes éminents que préoccupent la prospérité et la moralisation de notre cher Berry ; qu'ils étudient la question, qu'ils se groupent, qu'ils prennent notre lieu et place dans la direction du *Messager du Centre*, s'ils le jugent utile. Nous ne cherchons, en remplissant les pénibles fonctions de rédacteur, aucune satisfaction d'amour propre ; nous sentons, en bien des circonstances, notre incapacité et notre impuissance, et nous remettrions avec plaisir, en des mains plus habiles et plus expérimentées, la tutelle de notre jeune publication.

Nous ne pouvons, répèterons-nous en terminant, poursuivre sur ces bases et prochainement nous serions obligé de suspendre notre publication si le nombre de nos abonnés n'était pas notablement augmenté. Nous soumettons la question à un jury compétent dont nous acceptons par avance le verdict sans appel. Nous pourrons ressentir quelques regrets et accorder quelques larmes à notre cher *Messager*, si ce verdict ne lui est pas favorable, nous ne saurions nous repentir de notre expérience. Nous avons agi avec des intentions droites, une conviction profonde, soutenu par de sympathiques encouragements ; nous avons rempli un devoir et nous ne saurions conserver de remords de la généreuse illusion qui nous fit entreprendre cette publication. Elle devra renaître tôt ou tard, d'ailleurs, si les catholiques ne veulent pas abdiquer complétement, en ce pays, et se dégager de toute influence sur l'esprit public égaré de plus en plus par de perfides conseillers et de nombreux journaux hostiles au principe et à l'œuvre catholiques, seuls capables

d'assurer à notre société une stabilité qui lui man-
que et qu'elle cherche vainement ailleurs.

LES CATHOLIQUES ET LES ÉLECTIONS.

Le mouvement électoral s'accentue de toutes parts, et il n'y a à cela rien d'étonnant. Les électeurs seront prochainement appelés à nommer les nouveaux mandataires du pays, il est juste qu'ils se concertent sur les choix à faire, choix si graves à tous les points de vue, aujourd'hui plus que jamais.

Quelle doit être l'attitude des catholiques en cette importante circonstance?

Laisseront-ils passer, impassibles, cette période d'agitation et de mouvement?

Abdiquant tout souci des choses de ce monde, partagés entre la prière et les bonnes œuvres, ne prêteront-ils aucune attention à ce qui se passera autour d'eux, laissant à d'autres le soin de gérer la chose publique?

Ou bien, se souvenant que le catholicisme est le grand initiateur des sages progrès au sein des sociétés chrétiennes, en même temps que le suprême régulateur des impatiences et des mouvements désordonnés qui entraînent les nations vers la région des abîmes, se jetteront-ils résolûment dans la mêlée, pour affirmer la vitalité de l'œuvre catholique et réclamer la part légitime qui lui revient, malgré des négations intéressées, dans la direction des sociétés et la marche des affaires humaines?

Où est pour eux le devoir?

Pour nous la réponse est facile : regarder passer à ses pieds le torrent des événements, sans se préoccuper de sa direction, sans chercher à entraver sa marche, si elle est dévastatrice, sans maintenir ses eaux, si elles sont fécondantes, sans le suivre dans son parcours, pour être à même de rendre à la foi et à la patrie tous les services que l'une et l'autre sont en droit de réclamer, serait, pour les catholiques, forfaire au devoir. L'histoire leur demanderait compte un jour de cette défaillance, et les contemporains eux-mêmes ne solderaient que par le mépris et les persécutions, peut-être, cette abdication injustifiable.

Donc, un seul parti nous semble possible pour les catholiques : prendre au mouvement électoral qui commence la plus grande part, choisir dans leurs rangs des hommes fidèles à leur drapeau, énergiques dans leurs convictions et les soutenir de toute l'influence dont ils peuvent disposer.

Toute autre conduite nous semblerait indigne, à cette heure solennelle ; déserter le champ de bataille le jour du combat est une félonie, et, s'il ne faut pas moins de courage dans les luttes civiles que dans les luttes militaires, le devoir est impérieux d'un côté comme de l'autre.

Ces prémisses posées, nous examinerons successivement quelle est actuellement notre situation intérieure et extérieure ; nous envisagerons cette situation sous ses divers aspects et nous exposerons avec modération, mais sans timidité, quelle est notre opinion sur les hommes appelés à exercer leur contrôle sur cette situation, quel nous semble le rôle des catholiques de nos jours et surtout pendant la période électorale.

NOTRE LIGNE DE CONDUITE.

Avant d'entrer en campagne et de commercer l'étude qu'annonçait notre dernier numéro, comme nous userons d'une grande liberté d'appréciation, tout en nous efforçant de demeurer dans les limites de la plus stricte impartialité, un mot sur notre ligne de conduite et sur les diverses appréciations que nous avons entendu formuler dans le public, à son égard. Notre feuille ne date encore que de quelques mois, il est bon que ses lecteurs connaissent à fond sa pensée.

Tout d'abord, nous savons gré aux personnes qui nous honorent assez pour nous communiquer leur opinion à ce sujet ; nous parlons toujours avec toute la franchise de nos convictions, et nous aimons à trouver la même franchise chez les hommes qui, tout en partageant les mêmes principes, n'acceptent pas entièrement notre manière de voir. Ils nous trouveront toujours prêt à écouter avec une sympathique reconnaissance des avis dans lesquels nous pouvons puiser d'utiles enseignements, quand bien même il ne nous semblerait pas de notre devoir d'accéder entièrement à leurs conseils.

Nous avons entendu quelques hommes recommandables se plaindre de ce que nous suivions ce qu'ils appellent une ligne d'opposition. L'un d'eux, même, tout en rendant hommage à la fermeté de nos principes et en traitant notre feuille d'une manière très-flatteuse, nous tenait ce langage : « Je suis l'ennemi juré des révolutions, et tout ce qui peut nuire au pouvoir, dans l'esprit des populations, ou semer la désaffection dans les masses me paraît regrettable et dangereux ; je ne comprends donc pas les critiques que vous ne ménagez pas assez au gouvernement, le ton un peu vif, parfois, de vos correspondances. »

Nous aussi, nous ne nous rangeons pas sous la bannière d'une opposition systématique ; nous aussi, nous sommes l'ennemi déclaré des révolutions ; nous aussi, nous voudrions garantir à tout jamais notre pays contre leurs horreurs et les tristes conséquences qu'elles entraînent ; nous aussi nous nous ferions un reproche de discréditer le principe d'autorité déjà si affaibli de nos jours ; mais franchement la révolution n'est-elle pas partout aujourd'hui ? La révolution ne s'est-elle pas implantée dans nos mœurs, n'a-t-elle pas pris droit de cité parmi nous ? La révolution n'a-t-elle pas porté sa main avide sur tout ce que les siècles antérieurs entouraient à juste titre de leur vénération ?

Eh quoi ! pour que la révolution soit triomphante, faut-il que l'émeute déborde dans la rue, que le canon gronde, que la fusillade sème dans nos cités attristées par la guerre civile, la mort et le deuil ? Non, ces scènes horribles nous épouvantent ; mais, nous l'avouons en toute sincérité, nous ne sommes pas moins effrayés de voir sombrer une à une les croyances séculaires sous le flot des doctrines subversives, de voir les plus monstrueuses théories trouver près de la foule un facile crédit et, ne craignons pas de le dire, de voir le gouvernement, si sévère en certaines circonstances, regarder d'un œil impassible ce déchaînement des passions.

Que les gens timides ou satisfaits se contentent de cette demi-tranquillité que leur garantit un calme apparent et qui leur permet de dormir en sécurité, en leur laissant la paisible possession de leur fortune ; pour nous, nous n'avons pas besoin qu'un éclair soudain suivi d'un éclat de la foudre nous dévoile une situation grosse de périls. Nous voyons, dès aujourd'hui, le trouble profond qu'ont apporté dans la vie sociale les idées accréditées de nos jours ; nous gémissons sur la décomposition qui atteint de plus en plus le corps social ; nous assistons avec effroi au douloureux spectacle d'une décrépitude sans cesse croissante ; nous n'avons pas assez de larmes pour pleurer l'avilissement des âmes, l'affaissement des principes, l'écroulement des institutions protectrices, l'anéantissement, en un mot, de cet édifice chrétien qui garantissait les peuples contre les révolutions, ou, tout au moins, leur laissait assez de vitalité pour relever les ruines amoncelées par les convulsions sociales qui pouvaient les atteindre.

Pour tout dire, cette révolution, qu'on pourrait dire pacifique, nous paraît plus funeste aux peuples qu'une révolution armée qui trouverait les citoyens, inquiets de l'avenir, prêts à défendre la société menacée.

L'expérience, d'ailleurs, a démontré que la révolution dans les idées précédait toujours la révolution dans les faits, et qu'à cet ébranlement des principes conservateurs succédaient de violentes secousses.

Rendre le gouvernement responsable de toutes les aberrations actuelles serait injuste ; cependant il nous semble que loin d'entraver l'essor de l'esprit révolutionnaire, dans le sens que nous lui donnons en ce moment, il lui est plutôt propice.

Voilà pourquoi nous ne saurions n'avoir que des louanges pour le gouvernement ; voilà pourquoi il nous arrive souvent d'avoir à critiquer des actes dont les conséquences peuvent être funestes à l'œuvre catholique et à la société, qui ne saurait vivre heureuse qu'à l'ombre de la croix. Non, nous ne saurions applaudir M. Duruy, Ministre de l'instruction publique, ni voir avec satisfaction un libre penseur dispenser l'instruction et l'éducation à la jeunesse française. M. Duruy appartient évidemment à l'école qui veut décatholiciser la France, et nous ne saurions la croire heureuse qu'à la condition de demeurer catholique.

On a enrégimenté sous la bannière de l'incrédulité la majeure partie des jeunes gens, on les a arrachés, par un enseignement athée, à la foi de leurs ancêtres, et maintenant on veut ravir la jeune fille à la douce influence du catholicisme, pour en faire la digne émule de son frère, comme si la femme chrétienne n'était pas la dernière sauvegarde de notre société décrépite.

Devant ce travail de démolition si persévéramment poursuivi, si hautement favorisé, pourrions-nous demeurer impassible?

Nous ne dirons pas : *Ab uno disce omnes;* mais nous dirons : c'est un exemple entre bien d'autres.

La croisade contre le catholicisme est ardente, en haut comme en bas ; elle recrute dans tous les rangs de nombreux prosélytes ; on veut, à tout prix, ensevelir l'œuvre catholique sous le poids de la haine et du mépis des générations contemporaines, et nous ne voyons pas quelles entraves le gouvernement oppose à une œuvre aussi anti-sociale qu'anti-chrétienne, quand, surtout, il n'use pas de la même tolérance envers les catholiques, qui ont plus d'une fois senti le poids de rigueurs imméritées.

Nous l'avons dit au début, nous le répétons ici avec non moins d'énergie, pour nous le principe catholique domine tous les autres, tout ce qui peut faire obstacle à l'expansion du catholicisme, à plus forte raison tout ce qui peut tendre à lui retirer sa légitime influence nous trouvera inflexiblement hostile. Notre conduite n'a pas d'autre mobile et nous croyons, en agissant ainsi, faire aussi bien acte de bon Français que d'enfant soumis à la sainte Église, cette grande civilisatrice de toutes les sociétés modernes, sans laquelle nulle civilisation sérieuse ne saurait exister, nul vrai progrès ne saurait être réalisé.

LA PÉRIODE ÉLECTORALE.

Nous approchons de l'époque où les électeurs seront convoqués dans les colléges électoraux ; que ce soit au mois de mai ou au mois de juin, que ce soit même, comme dernière limite, dans le courant de septembre, quelques mois seulement nous séparent de l'heure solennelle des élections.

Nous appelons avec intention solennelle l'heure à laquelle le pays, consulté par le pouvoir exécutif, est appelé à nommer les mandataires de son choix, destinés à exercer le pouvoir législatif et à contrôler les actes du gouvernement, qui s'est réservé l'action.

D'après la constitution qui nous régit et que nous nous garderons bien de discuter, la part réservée au Corps législatif n'est pas large, et ce contre-poids bien léger qu'a consenti à se donner le pouvoir exécutif ne le gêne guère dans ses allures et entrave peu ses projets. Le Corps législatif n'a plus le droit de faire son propre règlement, il le reçoit tout fait. Son président est nommé par le chef de la nation ; s'il veut interroger le pouvoir sur ses actes et lui demander compte de sa conduite dans une circonstance désignée, il faut une approbation spéciale de la majorité des bureaux. Le droit de réponse au discours impérial, restitué un moment, lui a été retiré ; l'adresse, après quelques années d'existence, a été supprimée, ce don gracieux d'une main souveraine a peu vécu.

La responsabilité ministérielle n'existe pas et les critiques formulées contre le gouvernement atteignent directement le souverain, dont l'inviolabilité est garantie par la Constitution. Les ministres ne sont plus que le reflet d'une volonté souveraine et, irresponsables des actes dont ils prennent la défense, ils ne sauraient être menacés dans leur situation par l'opposition de la Chambre, tant que le chef de l'Etat, qui les a choisis pour collaborateurs, les maintient.

L'action du Corps législatif se trouve donc entièrement confinée dans le vote des lois et surtout de la loi annuelle de finances, le budget, au sujet de laquelle, pour prix des subsides qu'il fournit au pouvoir exécutif, il peut lui demander compte de l'emploi des ressources antérieures et exiger des explications sur l'emploi des crédits dont il réclame l'allocation.

Quelque restreinte que soit, dans de telles conditions, l'action du Corps législatif sur la marche des affaires, il n'en est pas moins vrai que le mandat de député, confié à des hommes énergiques et libres, exercé avec impartialité, mais une ferme indépendance, peut réagir très-efficacement sur les tendances du pouvoir exécutif et lui imposer même, dans quelques circonstances, sa ligne de conduite. Malgré toute la docilité des majorités depuis 1852, nous avons eu de rares exemples de l'influence que le Corps législatif peut encore exercer sur le gouvernement.

Mais non content de s'être réservé la part du lion dans le jeu de nos institutions politiques, le pouvoir exécutif pèse encore de tout son poids dans le choix des mandataires du pays.

Que voyons-nous, en effet, chaque fois que les électeurs sont convoqués dans leurs comices ? Le pouvoir exécutif, s'adressant au pays, lui demande d'envoyer à la Chambre des hommes de son choix, et n'est-ce pas justice, puisque ce sont ces hommes qui règleront l'impôt, qui disposeront des res- sources de la nation, qui décideront de l'impulsion à donner aux travaux publics, qui, en un mot, tien- dront en main, dans la mesure si parcimonieuse- ment réservée à leur initiative, le sort de la patrie, et décideront peut-être de sa prospérité présente et future? Ne sont-ce pas également les représentants du pays qui élaborent et votent les lois les plus impor- tantes ?

Mais, en même temps, le pouvoir exécutif, s'ar- rogeant sur le choix des représentants du pays, qui sont appelés à contrôler ses actes, une initiative qui ne lui revient pas, désigne lui-même aux populations les hommes qu'il lui serait agréable de voir siéger à la Chambre, et, ce choix fait, il soutient avec ar- deur ces élus de son cœur. Rien n'est épargné pour faire réussir ce que l'on a nommé les candidats officiels ; tous les fonctionnaires, à quelque degré de la hiérarchie qu'ils appartiennent, sont mis en réquisition, et souvent du zèle qu'ils déploient à soutenir l'heureux candidat dépend leur avancement et peut-être leur avenir.

Dès lors la lutte n'existe pas seulement entre les diverses catégories de citoyens, désireuses de faire prévaloir, en la personne de leur candidat, leurs principes et leurs opinions, mais encore entre les citoyens, jaloux du droit qu'ils tiennent de la Constitution, et le pouvoir qui, tout en semblant respecter leurs prérogatives, n'en fait pas moins les plus grands efforts pour obtenir le succès de ses candidats.

Singulière anomalie, mais que nous ne sommes pas près de voir disparaître ! un ministre de l'inté- rieur, tombé aujourd'hui des sommets du pouvoir, nous l'a dit naguère, le gouvernement considère comme une nécessité le maintien des candidatures officielles.

Qu'a produit l'exercice du mandat de député exercé en de telles conditions? Quelle situation est-il résulté pour le pays des complaisances des Chambres antérieures et de la Chambre actuelle envers le pouvoir exécutif? Nous examinerons prochainement cette question, en faisant un sommaire exposé de notre situation tant extérieure qu'intérieure.

LA SITUATION EXTÉRIEURE.

Notre intention, en entamant cette rapide revue rétrospective, dont l'opportunité, à l'heure présente, ne saurait être contestée, n'est pas de nous livrer à de stériles récriminations et d'entasser contre le gouvernement accusations sur accusations. Comme tout individu, comme toute institution humaine, faillible par nature, tout gouvernement peut commettre des fautes et a droit à l'indulgence et au pardon.

Rien n'est, d'ailleurs, mieux justifié que ce recueillement qui doit précéder la période d'agitation, en temps d'élection, que ce retour vers le passé qui doit éclairer la marche dans l'avenir.

Quelle est, à cette heure, notre situation extérieure, c'est-à-dire vis-à-vis des autres puissances européennes?

Quel rôle joue la France aujourd'hui dans le concert européen?

Sa position a-t-elle grandi ou diminué?

Pour bien nous rendre compte de la situation actuelle et déduire de l'examen auquel nous nous livrons des conclusions logiques, il nous semble indispensable de diviser en deux périodes bien distinctes les seize années dernières pendant lesquelles nous avons vécu sous le régime impérial : la première, qu'on peut désigner période d'action, et la deuxième qu'on peut dire, au point de vue extérieur, période d'abstention.

L'empire, né en 1852 avec ce programme nettement défini et hautement proclamé : *l'Empire c'est la paix*, fut entraîné deux ans plus tard dans une grande et mémorable expédition, la guerre de Crimée, pour l'accomplissement de laquelle le pays le soutint de tous ses vœux et de tous ses efforts.

L'aigle moscovite étendait vers le Bosphore ses serres rapaces et voulait faire une villa à sa convenance de la vieille Byzance, objet de la séculaire convoitise des autocrates de Russie, pour de là dominer l'Europe et lui dicter ses lois. Opposer une énergique résistance à la réalisation de ce projet longtemps caressé, était faire acte de bonne politique ; la nation le comprit.

La France, alliée à l'Angleterre, à la Turquie, menacée dans son existence, et au Piémont, dont les vues n'étaient pas très-désintéressées, sûre de la neutralité des deux grandes puissances allemandes, accomplit avec une héroïque persévérance cette laborieuse expédition, dans laquelle elle occupa la première place et joua le rôle principal. Notre armée déploya sur ces plages toutes les qualités qui dès longtemps ont suscité l'admiration du monde entier.

Victorieuse après deux années de luttes contre les hommes et les éléments, la France imposa, de concert avec l'Europe, ses lois à la Russie, dans un congrès demeuré célèbre à plus d'un titre.

Malheureusement, l'œuvre semble être à recommencer, et les complications qui surgissent de nouveau en Orient font craindre que nos flottes et nos armées n'aient à reparaître, dans un avenir prochain, sur les rives du Bosphore.

Trois ans plus tard, la France s'alliait au Piémont pour chasser l'Autriche de la Péninsule italique. Moins favorablement accueillie par toutes les fractions de l'opinion, cette guerre avait cependant au principe un but noble et ne souleva aucune appréhension près des personnes nombreuses qui avaient oublié l'incident Cavour au sein du congrès de 1856, tandis qu'elle donnait satisfaction aux vœux turbulents de ceux que flattait le rêve du ministre piémontais. La façon toute chevaleresque dont cette expédition prit fin l'eût couronnée d'une splendide auréole, si les engagements pris alors eussent été respectés, et si la France, cette grande et héroïque nation, habituée à dicter ses lois à l'univers, n'eût courbé timidement la tête devant l'ambition d'un protégé, rendu ingrat par le succès, et n'eût subi, plus ou moins ostensiblement, les exigences d'un État qui nous devait tout et dont l'insolence à notre égard égala seule l'insatiable appétit.

Il ne nous reste de cette glorieuse campagne de 1859 et des traités qui la suivirent, que la honte d'avoir vu notre signature méconnue, les légitimes conditions imposées par le vainqueur audacieusement violées par un astucieux allié, et la constitution sur notre frontière méridionale d'un État de vingt millions d'âmes, aussi peu reconnaissant que mal disposé envers son libérateur. La grande cause de l'Église catholique a, de plus, été compromise par suite des fréquentes hésitations de la France qui, pourtant, dans cette grave question, avait d'impérieux devoirs à remplir, en sa qualité de fille aînée de l'Église.

Les complications nées de cette tolérance inexplicable sont loin d'être aplanies, le gouvernement piémontais, devenu le gouvernement italien, à la suite de spoliations successives, dont est responsable notre injustifiable complaisance, parlemente toujours pour la possession de Rome capitale. Espérons que le fameux *Jamais!* tombé des hauteurs de la tribune, de la bouche d'un ministre, et la présence de quelques bataillons français sur un coin du domaine pontifical, suffiront pour protéger l'Église contre cette cruelle épreuve et épargner à la France cette dernière honte.

Nous verrons plus tard quelle fut pour la France, dans des circonstances plus récentes, la conséquence des principes posés lors de la guerre d'Italie, et en élevant de ses mains ce royaume italien dont nos gouvernants se montraient si fiers, quels cruels mécomptes elle se préparait.

Puis vinrent successivement les expéditions de Chine, de Cochinchine et de Syrie, légitimées par la persécution exercée contre les chrétiens dans ces régions extrêmes, ou favorisée par l'intolérance et le fanatisme des musulmans oublieux de la guerre de Crimée, et enfin l'expédition du Mexique, dont un Français ne parle que des larmes dans la voix.

Peu justifiée dans son principe, imprudente dans sa poursuite, fatale, à tous les points de vue, dans son dénouement, il semble que l'expédition du Mexique n'ait eu d'autre résultat que de fournir à l'histoire l'occasion d'enregistrer l'horrible attentat qui en fut le couronnement, et aux imaginations en quête de scènes sanglantes, le canevas d'un drame historique et malheureusement non légendaire.

Combien d'enfants de la France, demeurés sur ces plages inhospitalières, ont payé de leur vie cette triste aventure! Quels trésors, réclamés par tant d'autres besoins, ont servi à nous frayer un chemin vers un Eldorado insaisissable, ou à ramener dans la mère patrie les débris d'une armée décimée par les souffrances et l'inclémence du climat de ces lointaines régions.

Cette lugubre expédition termine la période d'action du gouvernement impérial en ce qui touche la question extérieure, bien entendu. Cette série de luttes armées succédant à des débats diplomatiques, commence par une expédition aussi bien justifiée que menée à bonne fin, et est close par deux guerres successives aussi funestes l'une que l'autre au prestige du nom français et à l'influence de notre politique en Europe et même dans le nouveau monde.

Si les bases du traité qui suivit la campagne d'Italie, posées à Villafranca et sanctionnées à Zurich, eussent été religieusement observées, si l'Italie, organisée en confédération, eût conservé ses princes, comme il était convenu, la France pourrait se montrer fière à juste titre de cette guerre de trois mois, qui donna à ses enfants une occasion de plus de montrer leur élan et leur bravoure sur les champs de bataille.

Si, d'autre part, le gouvernement eût su s'arrêter à temps dans la guerre du Mexique, si, se voyant abandonné par ses alliés, dégagé par ce fait de ses engagements, il eût rappelé, dès ce moment, en Europe le corps expéditionnaire, que de sang il eût épargné, que de récriminations il eût évitées, que de trésors conservés pour une meilleure cause, et surtout quelle humiliation il n'eût pas subie, n'étant pas obligé de céder aux exigences des États-Unis!

Donc, commencée sous d'heureux auspices, cette période se termine par deux échecs.

La deuxième période de l'Empire, au point de vue extérieur, que nous avons désignée sous le titre de période d'abstention, commence, à proprement parler, en 1860, à la suite de la guerre d'Italie. Elle n'est, du reste, que la conséquence des fautes antérieures et des principes nouveaux posés dès lors, principes aussi élastiques que peu justifiés, tour à tour acceptés ou méconnus, suivant le besoin de la cause ou les nécessités du moment.

Nous ne savons quelle relation peut exister entre les conversations de Plombières, les conventions de Villafranca et les stipulations du traité de Zurich, ce traité mort-né! Toujours est-il que le plan occulte conçu probablement par M. de Cavour, dès lors qu'il concertait le plan de la future campagne avec le puissant allié de son seigneur et maître, s'est réalisé en tout point, tandis que les conventions d'un traité international, revêtu des signatures de trois souverains et reconnu par l'Europe, ont été audacieusement violées dans toute leur teneur.

Depuis ce temps, le gouvernement français a vécu dans de continuelles incertitudes, d'incessantes hésitations et des fluctuations sans cesse renouvelées. De ce moment, point de principes arrêtés dans sa politique; la vie au jour le jour.

Il est vrai que le principe de non intervention, si heureusement trouvé, à cette époque, par le cabinet britannique, comme une échappatoire aux difficultés du moment, fut chaudement accepté par le gouvernement français, qui crut y puiser une excuse suffisante à sa politique d'abstention dans la question italienne, doublée de la question romaine, qui se dénouait d'une façon si contraire à des promesses solennelles et aux traités intervenus.

Il est vrai que le principe des nationalités, destiné, avec son frère jumeau, à couvrir les spoliations du Piémont, les ambitions de la Prusse, les exactions de la Russie en Pologne, et à maintenir l'agitation dans l'archipel grec et sur les rives du Danube, fit lui aussi son apparition comme un astre tutélaire appelé à faire la lumière au milieu des ténèbres.

Ces deux principes devaient en engendrer un troisième, celui des grandes agglomérations, qui, plus tard, servit à couvrir les empiétements de la Prusse en Allemagne et valut à cette puissance un verdict d'acquittement de la bouche d'un ministre français.

De tous ces principes propagés par le gouvernement impérial avec un zèle digne d'une meilleure cause, et mis en pratique avec conscience par ses agents, est-il résulté quelques heureuses innovations dans le droit international? Les relations entre les peuples et leurs gouvernements se sont-elles raffermies ou améliorées?

Où en est, avec ces principes de fraîche date, l'équilibre européen si laborieusement établi et si péniblement maintenu?

Nous ne dirons pas que la constitution de l'équilibre européen tel qu'il existait avant l'émission de ces principes modernes de droit international, garantît complétement l'Europe contre les conflits qui pouvaient surgir entre les puissances du vieux continent; seulement, cette interposition de petits États entre les grandes nations rendait ces conflits moins faciles et pouvait amortir les chocs.

Cette négation du droit de vie des petits États, n'est-elle pas, d'ailleurs, l'abus de la force et la mise en pratique de cette maxime, si peu évangélique, mais si souvent réalisée du fabuliste : « La raison du plus fort est toujours la meilleure? » Bel exemple offert aux peuples et qui justifie bien la prétention de notre siècle d'être un siècle de lumières.

Avec le principe des nationalités et des grandes agglomérations, où en sommes-nous aujourd'hui? Nous avons élevé de nos mains, au midi de la France, un État d'autant plus hostile à notre influence que nous avions plus de droits à sa reconnaissance, et nous avons laissé sur nos frontières de l'Est grandir démesurément la Prusse, qui ne tardera pas à faire peau neuve et à s'appeler fastueusement l'Empire d'Allemagne. Qu'importe le nom, d'ailleurs, si la chose existe !

Quelle part d'influence nous a été réservée dans

le règlement de toutes les grandes questions qui ont agité l'Europe depuis 1860?

Avons-nous empêché la Pologne, cette France des régions septentrionales, héroïque nation, d'être comprimée par la Russie dans ses nobles élans et ses généreux efforts, et d'être dévorée complétement par l'aigle moscovite? Notre diplomatie a-t-elle pu, du moins, conserver l'autonomie de ce royaume consacrée par les traités? Hélas! le royaume de Pologne n'existe même plus de nom; il n'a plus ni religion, ni institutions, ni langue propres. Il a cessé d'être.

Avons-nous opposé une résistance quelconque au démembrement d'une partie du Danemark, comploté et exécuté par deux puissants voisins qui bientôt devaient s'entre-dévorer?

Avons-nous, en cette année 1866, de si triste mémoire, su prendre une attitude nette et décisive et, par un de ces mots énergiques qui, tombés de la bouche du souverain d'une grande nation, arrêtent l'élan d'une ambition immodérée, empêché la lutte d'éclater entre les deux puissances allemandes et l'absorption par la Prusse de l'Allemagne entière?

Il nous a plu de laisser humilier l'Autriche, et nous avons subi, sans coup férir, une humiliation presque égale et un dommage non moins considérable.

Là aussi, il y avait eu des pourparlers préliminaires entre le ministre de l'agresseur et le gouvernement français. Nous ne savons pas ce qui avait été résolu dans ces conversations intimes, dont la portée échappait peut-être aux interlocuteurs eux-mêmes, et où pourtant se débattait le sort des États et l'avenir de l'Europe. Là encore, après des luttes sanglantes, il y a eu un traité préparé par la France, auquel elle a collaboré, et qui, comme celui de Zurich, est resté à peu près à l'état de lettre morte.

La campagne de 1866 terminée, la Prusse, maîtresse de toute l'Allemagne du Nord, dominant par son influence et des traités occultes l'Allemagne du Sud, nous lui avons demandé, pour prix de notre neutralité et de nos complaisances passées, une bien faible compensation, le petit duché de Luxembourg et la forteresse de sa ville capitale. Cette question a failli mettre l'Europe en feu et il a fallu un congrès pour régler le différend. La Prusse est sortie de Luxembourg, mais nous n'y sommes point entrés.

Et comme conséquence de notre abstention en 1866, il nous faut une armée de 1,200,000 hommes. Nous avons dépensé des centaines de millions en tranformation d'armement et en accumulation de matériel et de munitions de guerre, et, de plus, nous ne savons jamais si nous aurons, quelques mois plus tard, la paix ou la guerre : d'où résulte un allanguissement déplorable des affaires, ruineux pour l'industrie et le commerce français.

Un fait certain, c'est que le sentiment national, d'un côté comme de l'autre du Rhin, est vivement surexcité; c'est que l'opinion publique sur les deux rives du fleuve frontière, fort sagace en ces sortes de cas, croit à l'imminence d'une lutte que tant de causes peuvent motiver et n'ajoute pas foi à la stabilité de la situation actuelle.

Admettrons-nous comme compensation à ces déboires, le règlement récent du différend gréco-turc, arrangement encore inconnu en partie, mais dont l'acceptation par un petit État a été si tiraillée? Nous ne croyons pas à un long répit de ce côté, et le règlement du différend gréco-turc n'entraîne nullement la solution de l'interminable et insoluble question d'Orient.

Donc, en nous arrêtant aux événements capitaux et en négligeant les causes secondaires, nous voyons, pendant ces huit dernières années, la France, hésitante et incertaine, laissant faire au nord et à l'est comme au midi; partout ses efforts diplomatiques demeurent impuissants à faire résoudre dans son intérêt les questions internationales.

D'où il résulte, pour nous résumer et répondre à nos questions primitives :

Que, présentement, la situation extérieure de la France, loin de s'être améliorée, s'est aggravée par suite de l'anéantissement des petits États qui l'avoisinaient et la constitution de deux grands États frontières, fort peu bienveillants à son égard, et de plus, par suite de son isolement à peu près complet au sein de l'Europe, par l'absence d'alliances;

Que sa voix a perdu aujourd'hui l'autorité et la prépondérance dont elle jouissait en d'autres temps dans les conseils de l'Europe;

Que, comme conséquence logique, sa position en Europe et dans le monde, loin d'avoir gagné aux luttes et aux événements des seize dernières années, se trouve amoindrie, les unes lui ayant été plutôt nuisibles que profitables, les autres ayant tourné presque toujours contre elle et les solutions intervenues ayant été généralement contraires aux principes de sa politique séculaire.

Loin de nous, en nous exprimant ainsi, l'intention d'abaisser la France, de ternir l'éclat du nom français qui a encore droit, malgré quelques échecs que nous voulons croire passagers, au respect de l'Europe et de l'univers; mais, encore une fois, ce n'est qu'en sondant la profondeur d'une plaie qu'on peut connaître le remède à apporter; ce n'est qu'en examinant froidement, mais consciencieusement, le passé qu'on peut préparer l'avenir.

Pour en revenir à notre point de départ, et, ramenant la question au point de vue pratique des élections, car notre intention n'a pas été d'écrire ici une page d'histoire contemporaine, nous nous demanderons si le pays eût été consulté, en la personne de ses représentants, chaque fois qu'une circonstance grave se présentait, pouvant engager l'honneur et l'avenir de la France, ne fût-il pas résulté de cette communication, de cette entente mutuelle des deux pouvoirs, une lumière plus vive? Nous le croyons, ou, tout au moins, le pouvoir exécutif n'eût pas assumé seul une aussi lourde responsabilité.

Disons mieux, si, tout en respectant la constitution et en n'entamant nullement ce pacte fondamental, la majorité, moins servilement docile, eût prêté l'oreille aux avis que lui faisaient parvenir des voix éloquentes, dans les circonstances solennelles; si, scrutant la situation avec calme, mais fermeté, la majorité, en bien des cas, eût fait parvenir au pied du trône l'expression de ses sentiments et de son opinion, le souverain, issu comme elle d'une manifestation de la volonté nationale, n'eût pu faire autrement que de prendre en considération ces vœux et ces respectueuses observations. Donc, en ne prévenant pas, par l'expression de sa pensée, l'accomplissement d'événements préjudiciables, en acceptant aveuglément les faits accomplis, la majorité a endossé la responsabilité de tous ces faits.

Donc, aussi, pour le corps électoral, devoir et nécessité, alors qu'on lui demande de procéder à la réélection de ses représentants, de chercher, dans les hommes qui lui demandent ses suffrages, l'indépendance et la fermeté qui sont la garantie d'une conduite aussi énergique que digne, dans les circonstances où la patrie court quelque danger dans sa situation présente ou future.

LA SITUATION INTÉRIEURE.

Nous passons à un sujet plus grave et plus délica
encore. Si la situation extérieure préoccupe à juste
titre les esprits sérieux, la situation intérieure inté
resse d'une façon encore plus directe et plus immé-
diate la masse des citoyens; il est donc juste que
nous consacrions à cette partie une attention non
moins soutenue qu'à la première.

L'Empire trouva la France, frémissante encore des
luttes récentes, inquiète, agitée, livrée à l'anarchie
et aux passions subversives. La réaction se faisait,
mais lentement, et le pays se livra avec facilité, disons mieux, avec un certain enthousiasme, à
l'homme qui se présentait à lui comme chef, avec
cette parole à la fois si hardie et si habile : *Il est
temps que les méchants tremblent et que les bons se
rassurent.*

C'était là le programme de la politique intérieure,
de même que cette autre parole : *L'empire c'est la
paix*, formulait le programme de la politique impériale à l'extérieur.

Les méchants ont-ils sérieusement tremblé, les
bons ont-ils lieu d'être complétement rassurés?
Telle est la question à examiner pour constater l'état
moral du pays. Ce sera le premier point de cette
étude, que nous diviserons en deux parties : situation intérieure au point de vue moral; situation intérieure au point de vue matériel.

Entamant de suite cette première partie et nous
reportant aux paroles impériales que nous venons de
citer, nous nous poserons, au début, cette interro-
gation préliminaire : s'entend-on d'abord aujour-
d'hui en France sur ce qui constitue le bien et con-

séquemment mérite seul ce nom? Non, chaque groupe de citoyens professant une opinion spéciale, a la prétention de se ranger seul sous la bannière de la vérité et du bien ; mais pour cela les vrais principes de la vérité et du bien, principes éternels et immuables, ne sont ni anéantis, ni changés. Toutefois, l'unité de principes si essentielle chez un peuple, aussi bien que l'unité de vues dans une famille, pour produire la prospérité de l'une comme le bonheur de l'autre; cette unité qui seule fait les nations viriles, parce qu'elle maintient l'union qui, selon le proverbe si sage, fait la force, cette unité qui, rapprochant les cœurs, écarte les éléments dissolvants, n'existe plus dans notre chère patrie. Et pourtant, a dit la Vérité éternelle, tout royaume divisé périra.

Les passions, comprimées pendant quelques années sous la main de fer qui avait étouffé la liberté dégénérée en licence, se ravivèrent peu à peu, timides d'abord et fuyant la lumière, rendant à César plus parfois qu'il ne lui était dû, pour se le rendre propice, puis élevant la voix contre le Christ et son Église, et enfin, énergiques et audacieuses, confondant dans une même haine la religion et la société, nous les voyons aujourd'hui affirmer au grand jour avec impudence leurs principes subversifs et leurs théories insensées.

De sorte que nous ne craignons pas de poser, avec toute l'énergie d'une conviction profonde, cette affirmation, malheureusement trop justifiée, que la société, loin d'avoir gagné pendant ces seize dernières années, que quelques esprits légers ou quelques hommes intéressés signalent comme des années prospères, a perdu considérablement; le niveau moral a baissé et les âmes se sont affaissées dans le grossier réalisme qui domine notre époque.

A qui la faute?

On ne saurait nier l'intime solidarité existant entre une nation et son gouvernement, et rarement l'une

des deux parties peut éluder la responsabilité des
fautes commises d'un côté ou de l'autre. Cependant,
dans le cas présent, le gouvernement ayant, pour
ainsi dire, centralisé la vie entière de la nation, à la
suite des événements qui avaient remis son sort entre ses mains, posant une main sur sa poitrine encore haletante pour comprimer les mouvements
convulsifs d'un cœur encore ému, tandis que de
l'autre il tenait sa bouche close, pour éviter les in-
tempérances de langage qui eussent pu compromet-
tre son œuvre, le gouvernement étant personnel,
en un mot, et n'ayant pas laissé au pays la liberté de
ses allures et de ses mouvements, a assumé la plus
grande part de responsabilité des événements qui se
sont produits. depuis l'avénement de l'Empire, et
de leurs conséquences.

Les fautes commises pendant la période que nous
étudions lui incombent en majeure partie et, en
portant ce jugement, nous ne croyons pas être
trop sévère ; il avait centralisé l'action, il s'était réservé la résistance à ce qu'il croyait mauvais, les
journaux ne parlaient que suivant sa volonté, l'exercice de toutes les libertés avait été supprimé, la vie
de la nation était presque suspendue, il s'était chargé
de la guider seul et sans conseils, donc il est comp-
table de la voie qu'elle a suivie.

Pour nous, catholiques, si nous devons ne pas
oublier les bienfaits qui signalèrent l'aurore de l'Empire et les espérances que faisaient concevoir les débuts; si, par reconnaissance, nous devons nous rappeler le maintien de la liberté de l'enseignement
secondaire, la latitude laissée aux évêques de con-
voquer des conciles provinciaux et d'autres points
moins saillants, mais qui méritent notre gratitude,
comment oublier, d'autre part, l'état de suspicion
dans lequel nous sommes tenus depuis la campagne
d'Italie, qui a donné naissance à ce que les diploma-
tes modernes appellent la *question romaine*, qui

n'est autre que la grande cause de l'Église catholique, ou, autrement dit, de l'Église universelle ?

De là datent les réels embarras de notre situation intérieure, aussi bien que de notre situation extérieure. Depuis ce jour, nous avons vu les évêques traduits à la barre d'un tribunal civil, en raison de leur trop grand zèle pour la défense des intérêts de l'Église, ou leur attachement trop peu français à la personne de son chef ; nous avons été témoins de la décapitation de la Société de Saint-Vincent de Paul, tandis que la Société maçonnique était préconisée et recevait pour chef un des grands officiers de l'Empire. De là datent cette haine officielle qui s'est attachée aux députés catholiques, coupables d'un dévouement inopportun au Saint-Siége et les efforts inouïs faits près des populations pour leur arracher leur siége à la Chambre ; de là cette hostilité persistante qui s'est manifestée si souvent et en tant de lieux contre l'œuvre catholique et ses institutions ; de là, au lieu du calme apparent qu'on signalait, à tort peut-être, comme le complet apaisement des esprits, une division persistante et progressive, dont les symptômes se manifestent de toutes parts.

Grâce aux tergiversations du gouvernement dans cette grande question, question vitale à tous les points de vue, on a exploité la haine contre les catholiques, qu'on désigne maintenant sous le nom de cléricaux ; on les représente comme une minorité factieuse, sacrifiant leurs devoirs de Français à leurs obligations de catholiques, comme si jamais la soumission aux unes avaient nui à l'exercice des autres !

Voilà le résultat d'un acte politique imprévoyant ou d'une défaillance à jamais regrettable : l'amoindrissement à l'extérieur, la division à l'intérieur.

Comment nous étonner, après cela, si ces prémisses ont été suivies de faits non moins pénibles ; si l'instruction publique en France a été confiée à un ennemi déclaré du catholicisme, à un démolisseur de l'œuvre catholique; si la liberté de l'enseignement supérieur est déniée, malgré d'incessantes réclamations; si l'œuvre de l'éducation religieuse des masses se trouve entravée, en tant de lieux, par une mauvaise volonté qui a sa source dans les hauts sommets des régions officielles?

Comment s'étonner, d'autre part, si les passions anti-religieuses et anti-sociales, deux sœurs jumelles, se donnent la main pour prêcher au peuple l'oubli de toute loi, l'abandon de tout devoir et réclamer, au nom de je ne sais quelle liberté bâtarde, comme aux plus mauvais jours des ères révolutionnaires écoulées, l'application des théories les plus brutales, l'anéantissement de tout pacte social et l'assimilation de l'homme à la brute, la promiscuité la plus sordide, la vie sans famille, sans foyer domestique, sans autre lien que les oscillations d'une passion sans frein? On nous avait pourtant dit que le retour à ces grossières élucubrations était à jamais impossible; mais comprimer et moraliser ne sont pas une seule et même chose.

Sans attendre la réalisation de ces monstrueuses doctrines, si ce mélange d'inepties et de divagations mérite ce nom, que nous voulons croire lointaine sinon impossible, mais qui provoquent, à cette heure, les applaudissements de la plèbe parisienne et ont, au fond de nos provinces, un écho plus prolongé qu'on ne croit généralement, comment ne pas constater l'état maladif de notre société? Cette grande solidarité qui doit unir en un même faisceau les forces vives d'une nation et des principes, doit descendre dans les faits, cette solidarité qui, bien comprise, donne satisfaction aux intérêts de tous, existe-t-elle encore? Non, le principe chrétien qui en avait fait la charité, banni de plus en plus des sociétés modernes, lui faisant défaut, elle a croulé; l'égoïsme l'a détruite de fond en comble chez les uns.

la jalousie et une sourde haine l'ont rongée chez les autres. La nécessité seule fait loi aujourd'hui et maintient encore des rapports rendus difficiles. Le lien social qui doit unir les classes entre elles s'est relâché, et comme on a beaucoup parlé des droits de l'homme sans lui rappeler ses devoirs, l'orgueil et je ne sais quel esprit d'indépendance mal comprise ont creusé un abîme entre des hommes constituant la même société, enfants de la même mère, faits pour s'entendre et pour s'aimer, et non pour se tenir en suspicion et se maudire.

Nous ne récriminons pas, nous déplorons ces tendances de plus en plus accentuées, nous voudrions pouvoir rapprocher et non diviser; mais nous sommes forcé de constater un fait douloureux qui ne saurait échapper à un examen attentif de l'état social.

En somme, la situation morale a baissé en France pendant la dernière période décennale. Les âmes se sont affaissées, les principes se sont affaiblis, la foi a vu décroître encore son empire dans les cœurs, le luxe a débordé de plus en plus, l'amour désordonné du comfort et des jouissances est devenu le rêve universel, la démoralisation a grandi, les relations sociales sont devenues plus difficiles, les divisions se sont accentuées, depuis surtout le réveil de cette grande question du sort temporel de la papauté, et le rapprochement des partis, l'apaisement des esprits un instant espérés, sont devenus plus irréalisables que jamais. La situation morale du pays, en un mot, est chancelante et inquiète, à juste titre, les hommes qui se préoccupent de l'avenir : c'est un fait constaté par les penseurs appartenant aux opinions les plus diverses.

Hâtons le pas et jetons un rapide coup d'œil sur la situation matérielle du pays. Ce métier de censeur nous satisfait médiocrement, d'ailleurs, et si nous avons accepté ce rôle ingrat, nous ne saurions trop le répéter, ce n'est nullement pour nous donner le stérile plaisir de blâmer en tout et partout, mais pour éclairer le pays sur le rôle qu'il lui convient de remplir dans les prochaines élections, le convaincre qu'il aurait tort d'abdiquer, en se désintéressant complétement du choix de ses mandataires, et d'accepter sans discussion les hommes qui se présenteront à lui avec l'appui officiel.

Les débuts de l'Empire furent signalés par une effervescence d'affaires et d'agiotage qui dépassait de beaucoup les mouvements analogues antérieurs. De toutes parts les sociétés industrielles, commerciales et financières se fondaient, chacun voulait sa part de ces splendides opérations qui devaient donner un taux de bénéfice inconnu jusqu'alors. Le temple de Plutus n'avait jamais vu accourir autant de fidèles dans son enceinte, la fortune publique, en un mot, semblait décuplée, nous avions enfin trouvé sur notre route un inépuisable Eldorado.

Grâce à ces heureuses dispositions des capitaux et à l'enivrement résultant de cette marée montante de la spéculation, l'État, lui aussi, voulut prendre sa part à cette universelle manie d'entreprises, il commença la reconstruction de Paris, et nous savons s'il a mené avec ardeur cette œuvre gigantesque de la transformation de la vieille Lutèce, qui peut montrer maintenant à l'étranger de splendides monuments et des voies spacieuses bordées de somptueux hôtels, mais qui a coûté plusieurs milliards à la France, dont tant de besoins urgents réclament encore une satisfaction toujours attendue.

Les petites capitales de province, emboîtant le pas, à leur tour, voulurent avoir, elles aussi, leurs boulevards et leurs voies monumentales ; leurs édifices furent ou reconstruits ou restaurés, chaque ville un peu importante fit peau neuve, et, pour réaliser ce changement de décor, s'endetta, répétant cette maxime nouvelle en économie que plus un pays ou une ville s'endettent, plus ils sont riches.

Cette fièvre devait avoir un terme : beaucoup de ces opérations étaient véreuses ou mal assises, et les affaires, lancées sur une pente rapide, ont éprouvé, depuis quelques années, un temps d'arrêt, un mouvement de recul dû à plusieurs secousses successives, et depuis elles n'ont pu se relever de leur atonie.

Les guerres successives ébranlèrent le crédit, puis vinrent les emprunts nationaux destinés à payer la gloire de la France ou à maintenir les budgets en équilibre, puis succédèrent les emprunts d'État. Tous les peuples de la terre vinrent tour à tour puiser dans nos coffres, vrais tonneaux des Danaïdes, se vidant sans cesse et pourtant trouvant toujours de quoi alimenter les trésors étrangers. L'Italie, l'Espagne, l'Autriche, la Russie, la Turquie, le Mexique ont emporté des milliards de France, tant pour créer des ressources à leurs gouvernements que pour les besoins de leur industrie.

De tous ces millions disséminés à tous les points de l'horizon, beaucoup se sont égarés en chemin et ne reverront jamais la plage natale et le toit qui les abrita.

A en juger par cette prodigalité la France doit être bien prospère; si elle a trouvé dans son sein de si inépuisables trésors à mettre au service des nations continentales ou transatlantiques, elle doit avoir gardé la meilleure part pour elle, et son industrie en progrès, son commerce florissant, doivent témoigner de la puissance de sa constitution, de la richesse de son sol, de la multiplicité de ses ressources.

Hélas! à cette heure, le chœur de louanges plus ou moins intéressées qui se faisait entendre il y a une dizaine d'années, s'est changé en un concert de plaintes amères qui s'élèvent de toutes parts et signalent tout au moins une position tendue, sinon périlleuse.

On se plaint du développement de nos dépenses publiques.

On se plaint de l'accroissement des budgets, qui ont doublé depuis vingt ans.

On se plaint que ces mêmes budgets présentent, de 1853 à 1866, un déficit total de près d'un milliard.

On se plaint de l'exagération de la dette publique, qui grossit sans cesse, le Grand-Livre fermant encore plus rarement ses feuillets que le temple de Janus ne fermait ses portes sous la république romaine.

On se plaint de l'absorption de l'État, qui laisse trop peu de place à l'initiative individuelle et entrave trop souvent, par des règlements restrictifs, l'essor des entreprises privées.

On se plaint des traités de commerce, conclus dans le huis clos le plus secret, et créant au profit de l'étranger des franchises et une liberté peu favorables aux nationaux.

On se plaint que ces traités internationaux ont porté un coup fatal à notre industrie nationale, qui n'était pas préparée à cette concurrence improvisée.

On se plaint de l'incertitude qui affecte le présent et pèse sur l'avenir depuis longues années déjà, et qui de l'horizon politique envahit l'horizon des affaires, assombri par des craintes tantôt chimériques, tantôt justifiées, mais qui toutes puisent leur origine dans l'ignorance où est tenu le pays des questions qui intéressent le plus directement son honneur et sa prospérité.

On se plaint d'un allanguissement général qui atteint toutes les positions industrielles ou commerciales, jette le désarroi dans les transactions et laisse sans travail un nombre considérable d'ouvriers, que les usines languissantes ou en chômage ne peuvent employer.

On se plaint en haut, on se plaint en bas, on se plaint partout et de tout, ce qui dénote un état de malaise indéniable que nous constatons avec douleur, mais dont nous ne pouvons ne pas nous faire l'écho.

Le pays souffre, ceci ne saurait être contesté.

Le pays peut-il quelque chose pour apporter un remède à ces souffrances?

Ici nous entrons dans le vif de la question, et, laissant de côté le passé, en ce qui concerne le gouvernement, nous examinerons le rôle joué jusqu'ici par les représentants du pays, le rôle qui leur incombe dans l'avenir, et plus spécialement le rôle des catholiques dans les circonstances actuelles.

CONCLUSION.

Et maintenant que nous avons terminé cette rapide revue rétrospective, dans laquelle nous avons dû laisser tant de parties dans l'ombre, pour ne pas trop fatiguer le lecteur et ne pas accumuler sur notre tête des foudres inutiles ; maintenant que nous avons ausculté, aussi bien que peut le faire un praticien novice et inhabile, la situation extérieure et intérieure, concluons en quelques mots.

Quelle part a été réservée au pays, en la personne de ses représentants, dans toutes les grandes questions qui se sont débattues en France, depuis l'avénement de l'Empire, dans la solution des graves problèmes qui se sont posés pendant la même période?

La part des députés dans la solution de ces questions, ou la gestion des affaires intérieures ou extérieures de la France, a été nulle depuis quinze ans.

Les représentants du pays ont voté les lois que le pouvoir exécutif a jugé opportun de présenter à

leurs études et à leurs discussions, ont fourni les
subsides réclamés, sans marchander l'or de la
France ; mais jamais ils n'ont représenté la nation
quand des circonstances solennelles mettaient en
jeu et quelquefois en péril son honneur, sa dignité
et sa fortune.

Les représentants du pays ont-ils au moins pro-
testé contre cet effacement auquel les condamnait
un pouvoir omnipotent et jaloux de conserver, à
tout prix, cette omnipotence?

Quelques voix énergiques se sont élevées, de
temps à autre, au sein du Cors législatif, contre cet
état d'effacement et d'annihilation ; mais si ces voix
généreuses et autorisées ont rencontré de l'écho
dans le pays, elles ont toujours trouvé la majorité
insensible à ces appels ; toujours docile à une
consigne reçue d'en haut elle a étouffé, à leur réveil,
ces manifestations de l'opinion publique. Il a suffi
d'un mot tombé des lèvres d'un ministre, pour faire
rentrer dans leur somnolence les mandataires de la
nation, chaque fois qu'une velléité d'indépendance
se manifestait dans leur sein.

Et pourtant nous avons vu à quel résultat avait
abouti la politique du gouvernement personnel :

A l'état d'isolement de la France au point de vue
extérieur ;

A l'amoindrissement de la France par suite du
developpement favorisé, mais inopportun et dangereux, de deux voisins ingrats ou jaloux ;

A la nécessité de demander au pays une armée
de 1,200,000 hommes;

A créer à l'intérieur de redoutables complications, résultat de l'état moral du pays envahi par le
matérialisme, l'indifférence religieuse et la propa-
gation de doctrines malsaines et de théories subversives ;

A faire grossir, dans des proportions effrayantes,
les budgets annuels et à augmenter les charges pu-

bliques, toujours lourdes à porter par les contri-
buables ;

A mettre en péril le sort de l'industrie nationale
aux abois, qu'il s'agisse de l'industrie textile ou de
l'industrie métallurgique, par suite de la conclusion
de traités de commerce internationaux sans aucune
participation du pays à ces graves questions ;

A un état de malaise général et de souffrance
universelle,se traduisant par les plaintes incessantes
qui, de toutes les classes et de toutes les provinces,
s'élèvent vers le pouvoir pour réclamer un remède
qu'il est impuissant à trouver.

En de telles circonstances et après des enseignements aussi significatifs, que demander donc aux
hommes qui vont solliciter les suffrages de leurs
concitoyens ?

Exiger d'eux une entière indépendance, une
grande énergie dans la revendication des droits du
pays à participer plus directement et plus utilement
à la solution des questions qui intéressent son honneur ou son intérêt à l'extérieur, sa prospérité à
l'intérieur. Il est temps que le pays soit admis à
prendre part à la gestion de ses propres affaires.

Nous l'avouons en toute sincérité, nous ne com-
prenons pas qu'un électeur, soucieux de sa dignité
et jaloux de remplir le mandat qu'il tient de la
Constitution, accepte un candidat qui a reçu l'investiture officielle. Il ne se conduirait jamais de la sorte
s'il s'agissait de ses affaires personnelles ; il n'irait
pas confier à la partie adverse, avec laquelle il a un
compte à régler, le choix d'un expert ou d'un dé-
fenseur.

Or, dans l'espèce, le cas est le même. Le gouvernement est chargé de gérer la chose publique ; il a
demandé lui-même que, pour contrôler cette gestion, le pays lui adjoignît un conseil choisi dans son
sein par les citoyens eux-mêmes. Il a consenti à ne
recevoir que de la main des mandataires du pays les

ressources nécessaires pour assurer les services publics, ou faire face aux nécessités de la situation.

Et quand il s'agit de mettre en pratique ce droit concédé par la Constitution, élaborée par ses soins, le pouvoir vient dire au pays que tel candidat lui serait agréable, que tel autre lui serait désagréable, qu'il regarderait comme un acte d'hostilité l'élection d'un candidat non revêtu de son investiture ou non honoré de sa neutralité. Et non-seulement le pouvoir tient ce langage, mais encore il met en campagne les fonctionnaires créés pour une toute autre besogne et les nombreux agents dont il dispose à d'autres fins. A l'aide de cette armée disciplinée, il exerce sur le corps électoral une pression immense, fort efficace dans les campagnes surtout. Et l'on croirait encore à la liberté du suffrage universel, avec le maintien des candidatures officielles ! Non.

Qu'on ne se méprenne pas sur nos intentions; nous ne convions pas le pays à s'insurger contre le gouvernement issu de ses suffrages; nous lui recommandons, au contraire, un grand respect de l'autorité, le calme qui convient à une grande nation dans l'exercice de ses droits, à un grand peuple dans les circonstances solennelles. Le gouvernement, d'ailleurs, est hors de cause dans l'espèce.

Ce que nous disons à tous les hommes qui ont conquis dans leur région une légitime influence, c'est d'user de cette influence pour éclairer leurs concitoyens et les guider de leurs avis, de leurs conseils pendant la période électorale qui bientôt va être inaugurée.

Nous disons de plus à ceux de ces hommes qui ont les connaissances et l'autorité nécessaires pour remplir utilement le mandat de député, et qui se sentent au cœur assez de dévouement pour vouer au pays le fruit de leurs études et de leur expérience, de ne pas craindre de se mettre sur les rangs et d'opposer au candidat officiel, obligé dans chaque circonscription, un candidat libre de tout engagement, ne dépendant que de sa conscience et ne devant son mandat qu'au suffrage librement exprimé des électeurs.

A tous nous dirons : vous tenez de la Constitution un droit indéniable qu'il serait coupable de ne pas exercer ; ne désertez pas le scrutin, ne fuyez pas l'urne électorale ; mais sachez, si vous aimez sérieusement votre pays, si vous êtes jaloux de son honneur, de sa dignité, de son bonheur, éclairer vos choix et envoyez à la Chambre des hommes de caractère, dignes de représenter un grand peuple et qui, loin d'entraver le gouvernement, ne pourront que l'aider, par le concours de leurs lumières et de leur bonne volonté, à guider la France dans une voie sincèrement prospère.

AUX CATHOLIQUES.

Nous avons commencé par un appel aux catholiques, nous terminerons en nous adressant encore à eux et en exposant franchement, mais sans prétention, comme il convient à un homme sans autre autorité qu'un grand désir de faire un peu de bien, la ligne de conduite qui nous semble leur convenir dans les circonstances actuelles.

Une opinion généralement reçue parmi les sectes dissidentes et les trop nombreux transfuges qui ont quitté l'Eglise après avoir été reçus dans son giron et avoir grandi dans son sein, c'est que si le catholicisme existe encore comme religion et groupe encore sous sa bannière l'immense majorité des habitants de la France, il a cessé de compter comme élément social et que sa doctrine comme sa morale ne sauraient plus exercer de sérieuse influence sur la vie des peuples ni sur la marche des sociétés.

Et partant de ces prémisses que civilement et socialement le catholicisme est définitivement évincé de l'arène, en attendant qu'il disparaisse, même comme religion, de la surface du globe, écrasé dans la boue, suivant une expression qui leur est chère, les démolisseurs de notre auguste religion ont trouvé bon de classer sous le nom fantaisiste de *parti catholique*, les hommes qui, restés fidèles au Christ et à son Église, n'ont pas voulu abdiquer, et avec raison, toute part dans la direction des affaires publiques, et s'efforcent de maintenir l'élément catholique au sein des sociétés, comme élément vital et régénérateur.

Nous avons déjà dit ailleurs, et nous répétons ici, qu'il ne saurait y avoir de parti catholique en France. Il y a, dans notre chère patrie, beaucoup de catholiques encore, mais on ne saurait les assimiler aux hommes de parti qui cherchent un point d'appui dans des opinions purement humaines, sujettes comme toute autre chose du domaine humain, à des oscillations et à des défaillances, tandis que le principe catholique, infaillible et immuable, s'impose comme une nécessité à toute société qui veut ignorer les décadences qui ont précipité dans l'abîme les sociétés antiques, privées de ce précieux germe de résurrection et de vitalité.

La preuve que les catholiques ne constituent pas un parti, c'est qu'on trouve des catholiques dans tous les partis honnêtes, et que, s'ils se groupent avec la même foi et le même amour autour de l'autel, confondus dans une même pensée ou une même prière, ils n'acceptent pas tous les mêmes idées en politique, et que la divergence entre eux se produit souvent en dehors des croyances et du culte, sans que les uns ou les autres cessent pour cela de rester catholiques.

Nous n'avons donc pas besoin de démontrer la fausseté du jugement porté sur le catholicisme par ses ennemis ; ils expriment ainsi leurs désirs ardents, mais ils ne prennent pas eux-mêmes cette opinion au sérieux, puisque, à la moindre manifestation catholique, ils tremblent de voir cette auguste religion reprendre sur les peuples sa légitime et séculaire influence, et crient un formidable garde à vous! à leurs adeptes, afin de leur signaler le danger que coure ce qu'ils appellent les conquêtes du temps, les institutions modernes, et les rendre vigilants en les tenant toujours en haleine.

Non, le catholicisme, au point de vue social, n'est pas mort. Si sa lueur auguste est momentanément obscurcie par les brouillards accumulés par les égarements de la raison révoltée contre la foi et les soulèvements d'un orgueil indompté, c'est encore son divin flambeau qui éclairera les peuples pour les ramener dans la voie de la vérité, quand ils seront las d'errer dans les sentiers tortueux, semés d'abimes, à travers lesquels les guident aujourd'hui une philosophie dévoyée et un réalisme abject qui ravale l'homme au niveau de la bête. Le catholicisme est et sera toujours la planche de salut tendue par la main de la Providence aux peuples éperdus ou aux sociétés naufragées. Quand ils auront parcouru inutilement le cercle des aberrations humaines, ils trouveront dans le sein de cette immuable religion un refuge toujours prêt à recueillir les épaves de ces naufrages humains, et à reconstituer avec ces débris de nouvelles sociétés.

Il appartient aux catholiques, d'ailleurs, de protester aujourd'hui par leurs actes et leurs œuvres, par leur attitude à la fois calme et ferme, modérée et énergique, dans la mêlée qui se prépare, contre ces insultantes théories qui voudraient exclure le catholicisme des affaires humaines et le reléguer dans ses temples, afin de l'anéantir plus facilement, en le chassant de ce suprême asile, quand l'heure de cette dernière exécution aurait sonné.

Notre mot de ralliement à nous catholiques est le *Sursum corda!* des Livres saints, ce mot sublime qui, arrachant l'humanité à ses affaissements et à son abjection native, lui donne un nouveau courage et de nouvelles forces pour l'affirmation de la vérité et la lutte du bien contre le mal, aussi vieille que le monde et ne devant, malheureusement, finir qu'avec lui.

Les catholiques l'ont prouvé plus d'une fois, et des millions de martyrs, disséminés dans tous les siècles qu'a parcourus l'Église militante, en rendent témoignage ; les catholiques savent mourir pour leur foi, impassibles en face des supplices, des bourreaux et de la mort ; ils savent affirmer leur foi au détriment de leur vie et protestent par ce sacrifice volontaire de la profondeur de leurs convictions. Mais les catholiques doivent aussi savoir lutter, quand la nécessité leur en fait un devoir, et doivent, en face de tous les drapeaux ennemis, savoir tenir haut et ferme l'étendard sacré qui a conquis le monde et flotte sur toutes les plages du globe.

Dans les circonstances actuelles, leur rôle est nettement indiqué ; ils ne doivent leur appui ni aux candidats officiels, enrôlés sous le drapeau du gouvernement, ni aux candidats opposants qui, sur leurs bannières déployées avec ostentation, ont inscrit des appels incendiaires aux passions populaires.

Ils ne doivent pas leur appui aux candidats officiels parce que le gouvernement, qui patronne ces candidatures, n'est pas sincèrement catholique, parce que les hommes qui prêtent au chef de l'État leur collaboration ne sont pas franchement catholiques, plusieurs même sont hostiles au principe et à l'œuvre catholiques. Or, soutenir des candidats qui, dans la question romaine, dans la question de l'enseignement et dans une foule d'autres questions en relation plus ou moins directe avec ces grandes questions, c'est donner au gouvernement un bill d'indemnité pour le passé, signalé par tant de faits regrettables et par tant de mesures funestes, c'est l'encourager à persévérer à l'avenir dans cette voie périlleuse.

Nous ne prétendons pas, en nous exprimant ainsi, opposer aux candidatures officielles des hommes notoirement hostiles au gouvernement, non ; mais nous ne croyons pas à l'entière indépendance des hommes qui acceptent le chaud patronage de l'administration, et nous voulons des candidats libres de leurs allures et ne devant de reconnaissance comme de comptes de leur conduite qu'aux seuls électeurs de qui ils tiennent leur mandat.

Les catholiques ne doivent pas non plus prêter leur concours, dans la lutte électorale, aux candidats de l'opposition hostiles au principe catholique. Ce serait un acte d'opposition inintelligente, et les catholiques ne font jamais d'opposition systématique. Ils seraient sûrs, d'ailleurs, d'être dupes, cette fois comme tant d'autres, et d'avoir contre eux ces candidats devenus députés dans toutes les questions religieuses. Il y aurait là, nous n'hésitons pas à le dire, un pacte qui répugnerait, non-seulement à une conscience catholique, mais à une conscience honnête.

Nous n'en dirons pas autant de l'appui que pourraient solliciter d'eux des hommes honnêtes, consciencieux, admettant le principe catholique, sans toujours se préoccuper assez de ses préceptes, favorables cependant aux institutions religieuses et prêts à les soutenir de leur influence. A ceux-là, selon nous, les catholiques peuvent prêter leur appui, pourvu que ces candidats soient li-

bres d'engagements vis à vis du gouvernement, et
que leur programme sur toutes les grandes questions religieuses pendantes soit nettement formulé.

Et puis, les catholiques ne peuvent-ils trouver partout dans leurs rangs des hommes intelligents et con-
nus, pour accepter de représenter l'opinion catholique dans la grande lutte électorale, pour
soutenir à la Chambre la cause du catholicisme, en face d'une opposition haineuse ou d'une
majorité indécise? Nous croyons à cette possibi-
lité, et, pour notre part, si notre faible voix peut avoir
quelque influence dans ce pays, nous faisons aux
catholiques du Berry le plus chaleureux appel, afin
qu'ils se concertent et présentent dans chaque circonscription un candidat formulant un programme
nettement catholique et sagement libéral. Nous
avons vu ce qu'ont produit la compression et le
gouvernement personnel pendant l'ère impériale
écoulée. Réclamer la restitution de libertés utiles
serait rendre au gouvernement et au pays un égal
service : au gouvernement qui, aveuglé par sa propre
omnipotence et plus soucieux de la docile approbation des Chambres que de donner satisfaction à
l'opinion publique, s'inquiète peu de commettre
en politique ou en économie des fautes dont il
sait le pardon assuré au sein du Corps législatif,
mais qui n'en soulèvent pas moins contre cet usage
immodéré du pouvoir un mécontentement général
qu'il maintiendra difficilement, à la longue, dans
de sages limites ; au pays qui souffre et s'irrite, et,
en définitive, paye, comme on dit, les frais de ces
fautes, de ces dépenses exagérées et de cet exercice
du pouvoir sans contrôle.

Nous savons bien que les catholiques craindront
de n'obtenir au scrutin qu'une minorité trop peu
imposante Ils se trompent peut-être, et en prenant
des moyens énergiques, en réveillant le zèle assoupi
de la sainte cause, ils peuvent encore grouper un

nombre de voix respectable et l'emporter en bien des lieux. Mais quand bien même ils devraient être vaincus partout, nous ne leur en crierions pas moins : En avant ! Mieux vaut être vaincu les armes à la main que d'être lié et garrotté sans avoir combattu pour sa cause et sans avoir défendu son drapeau. Cette protestation, d'ailleurs, ne saurait être sans influence sur les événements futurs et la marche du gouvernement dans l'avenir.

Bourges, E. Pigelot.